COMMENT PERDRE
739 EUROS PAR SECONDE ?

www.editions-jclattes.fr

Axel de Tarlé

COMMENT PERDRE 739 EUROS PAR SECONDE ?

... et autres petites leçons d'économie

JC Lattès

17, rue Jacob 75006 Paris

INTRODUCTION

Mon cher Théo,

Comment perdre 739 euros par seconde ? Mais si, c'est possible ! Une grande entreprise française vient de réussir l'exploit. Certes, c'est pas donné au premier venu. Mais… avec un peu d'ENA et un zeste de « Grandes Ecoles » on peut y arriver. Sais-tu par ailleurs qu'on a constaté qu'une fillette de quatre ans ou même un singe font de meilleurs choix boursiers que les plus grands spécialistes de Wall Street ?

Oui, mon cher Théo, l'économie c'est souvent délirant. Encore faut-il savoir décoder. « Restructurer » ça veut dire « virer des gens », « lancer une obligation de capital » signifie

« demander de l'argent ». Travaux pratiques : « Alstom procède à une augmentation de capital pour financer son plan de restructuration. » Traduction : « Alstom a besoin d'argent pour indemniser les salariés qu'elle va virer. »

Tu vois, c'est pas compliqué. Et je vais te le prouver. Lis attentivement les vingt-quatre lettres que je vais t'envoyer et tu feras un excellent candidat pour le prix Nobel d'économie.

Ton oncle

LES ENTREPRISES : CEUX QUI BOSSENT ET CEUX QUI LA RAMÈNENT

Vivendi : l'argent par les fenêtres

Mon cher petit Théo,

Il paraît que tu as perdu 5 euros ce matin à l'école. C'est rageant ! Mais que dirais-tu si tu avais perdu 13 milliards d'euros ? Tu dirais : « Je vais mieux que bien » ! C'est la petite phrase lâchée par Jean-Marie Messier après avoir affiché une perte de 13 milliards d'euros pour Vivendi en 2001. 13 milliards... Oui, je sais, ça ne veut rien dire. Pour te faire une idée, c'est ce qu'a coûté le tunnel sous la Manche. Bref, avec cet argent, Jean-Marie Messier aurait pu construire un deuxième tunnel, à côté du premier : le tunnel « Messier » !

Mais, attends, il y a mieux. L'année suivante, en 2002, Vivendi a annoncé 23,3 milliards de pertes, quasiment le double ! 23 milliards, ça fait : 60 millions d'euros de perdus par jour. Imagine la scène : les salariés de Vivendi se rendant tous les matins au travail : « Allez les gars, au boulot ! On a encore 60 millions à perdre aujourd'hui ! Faut pas chômer. » 60 millions, c'est le prix d'un Airbus, « envolé » tous les jours !

De son côté, France Telecom annonçait 21 milliards de pertes. Au petit concours de pertes de l'année 2002, France Telecom était donc médaille « d'argent ». C'est simple, en deux ans, ces deux entreprises ont englouti 65 milliards d'euros. C'est plus de quatre fois le montant du « scandale » Crédit Lyonnais.

Comment peut-on perdre autant d'argent ? Toi, tu as perdu 5 euros ce matin. Jean-Marie Messier, lui, perdait 739 euros... à la seconde ! C'est quand même plus classe ! Il faut dire qu'il est beaucoup plus intelligent que toi. Il a fait Polytechnique et l'ENA.

Alors, petit mode d'emploi pour perdre 739 euros par seconde. Comment faire ?... C'est pas facile. Difficile, en effet, de trouver un business qui puisse générer autant de pertes aussi rapidement (à moins de distribuer des billets de 500 euros dans la rue !). Car, en fait, et tu seras surpris, Vivendi et France Telecom ont toujours gagné de l'argent sur leurs activités. Les employés n'ont rien à se reprocher.

Non, pour perdre autant et aussi rapidement, il existe une méthode imparable : acheter très cher quelque chose qui ne vaut rien. En clair : il faut se faire rouler. Imagine une boulangère qui vend du pain, elle gagne 100 euros par jour. C'est son activité. C'est rentable. Oui, mais imagine qu'elle achète une deuxième boulangerie 10 millions, alors qu'elle n'en vaut qu'1 million. Elle aura beau vendre des baguettes de pain à tour de bras, elle aura tout de même perdu 9 millions. C'est ce qu'ont fait Jean-Marie Messier et Michel Bon, le patron de France Telecom ; ils ont racheté très cher des choses qui ne valaient pas grand-chose : Orange pour France Telecom, Canal Plus et Universal pour Vivendi.

Question : pourquoi des gens aussi brillants se sont-ils ainsi fait rouler dans la farine ? Réponse : encore une fois, mon petit Théo, parce qu'ils sont « INTELLIGENTS ». Et, quand on est intelligent, il faut « briller », être à la hauteur de son QI. Il faut que ça « en jette ».

Or, à l'époque, dans le monde des affaires, la mode était à l'Internet. On parlait de convergence, de révolution numérique. Ceux qui ne participaient pas à cette « extraordinaire mutation technologique » étaient des ringards qui n'avaient rien compris. C'est pourquoi, comme d'autres, Jean-Marie Messier et Michel Bon se sont lancés à corps perdu dans de « brillantes opérations stratégiques » pour créer des « leaders mondiaux de la Nouvelle Economie». Ils le faisaient d'autant plus volontiers qu'ils n'étaient pas propriétaires de leur entreprise. Briller avec l'argent des autres, lumineux !

Et tu ne te rends pas compte de la folie furieuse qui régnait à l'époque. Un jour, Jean-Marie Messier a annoncé la création d'un «portail Internet multi-accès»: proposer tous les contenus (film, foot, musique...) depuis tous les supports (mobile, PC, télé, palm...). Cette cyber-plate-forme avait été baptisée Vizzavi. Celle-ci n'était pas encore à l'état de projet que, déjà, les analystes financiers l'avaient valorisée à 20 milliards d'euros (deux fois la valeur d'une entreprise comme Peugeot par exemple), et ce pour quelque chose qui n'existait pas ! La Révolution.

Sauf que... Petit détail amusant: le nom «Vizzavi» était déjà réservé par un certain Ababacar Diop. Le leader du mouvement des «sans papier» de l'église Saint-Bernard avait, en effet, déposé ce nom pour l'un de ses cafés Internet à Paris. Oups ! Le « maître du monde » contrarié par un clandestin ! Allons bon ! J2M a sorti son carnet de chèques et racheté ce nom « Vizzavi » pour 24 millions de francs. La suite, on la devine. Vizzavi fut un fiasco, et le portail « multi-accès » a été revendu.

L'histoire retiendra peut-être que, dans cette folie Vivendi, le seul à avoir fait fortune est un « sans papier ». Ababacar Diop a depuis été régularisé. Il a utilisé, en partie, cet argent pour la réalisation de micro-projets au Sénégal et au Mali. Comme quoi, cette folie Internet n'a pas été perdante pour tout le monde. Y en a sûrement qui au Sénégal disent : « Merci Messier ! »

Des patrons qui valent de l'or

Mon cher Théo,

Comme tu as bien travaillé cette semaine, je te donne un petit billet. C'est comme ça que marche le monde : tout travail mérite salaire. C'est bien connu. Pourtant, cette règle ne semble pas s'appliquer à ceux précisément qui font tourner le monde : les grands patrons.

Tiens, regarde Jean-Marie Messier qui a conduit Vivendi au bord de la faillite. Pour quitter Vivendi, il a tranquillement demandé 20 millions d'euros, soit mille six cents années de Smic. Oui, seize siècles de Smic ! Imagine un peu, l'ouvrier se rendant tous les matins à l'usine depuis l'époque de… Clovis (500 après J.-C.). Eh bien, c'est le petit « parachute doré » (« golden parachute » en anglais) que s'est octroyé Jean-Marie Messier en partant de Vivendi. De quoi voter Arlette !

Mais ne va pas croire que c'est un cas isolé. Les exemples pullulent. L'ancien patron d'Elf est parti avec 30 millions d'euros après avoir perdu le contrôle de sa compagnie, avalée par Total. Le patron d'Alstom, entreprise en quasi-faillite, est parti avec 5 millions d'euros. Il les a finalement rendus.

Et puis, il y a également les indemnités « d'arrivée » ! Oui ça existe aussi : « Bonjour, j'arrive, pour commencer, donnez-moi 1 million » ! On appelle ça le golden « hello » ! L'ex-patron d'Air Lib a ainsi touché un « bonjour doré » de 850 000 euros (plus de 5 millions de francs). L'entreprise, depuis, a fait faillite.

Et puis, entre les « bonjours dorés » et les

« au revoir dorés », il y a bien évidemment le salaire. On touche : avant, pendant et après. C'est ça être « grand » patron ! Et les salaires ont explosé ces dernières années. En moyenne, un grand PDG français touche 1,8 million d'euros par an, l'équivalent de cent quarante ans de Smic ! « Oui, mais nous avons des responsabilités », expliquent, en chœur, nos grands patrons pour leur défense. Certes, mais connais-tu le salaire annuel du Président des Etats-Unis ? A peine 200 000 dollars. Quasiment dix fois moins ! Et pourtant le gaillard a quelques responsabilités.

Et puis, il y a le cas ubuesque de Dick Grasso, le champion de la fiche de paye, « l'homme qui valait 1 milliard ». Profession : patron de la Bourse américaine (car la Bourse est une entreprise comme une autre). Ses revenus totaux (salaire + retraites + indemnités) s'élèvent à… 188 millions de dollars ! Oui, plus d'1 milliard de francs ! La comparaison en Smic ne veut plus rien dire. Puisque l'ami Dick a touché l'équivalent de… 12 000 ans de Smic. « J'ai été très bien payé », concède-t-il néanmoins. Il a depuis perdu son job, mais gardé l'argent !

Comment peut-on en arriver à de telles extrémités ? En fait, les patrons représentent un petit club qui vit en autarcie, où les uns contrôlent les autres. Ils ont donc décidé en commun de s'auto-augmenter. Pourquoi se priver ? Mais que peut-on bien faire de tout cet argent ?

Un jour, l'un de ces PDG m'a expliqué ce qui se passe dans la tête d'un grand patron : « C'est simple, jusqu'à 200 000 francs par mois, l'argent vous sert à satisfaire tous vos désirs, vos caprices : on part en jet privé à Cannes… Mais, au-delà de 200 000 mille francs par mois, c'est vrai, on ne peut plus matériellement dépenser son argent. Alors, pourquoi en vouloir plus ? Eh bien, en fait, m'a-t-il confié, en tirant sur son cigare, on entre dans une logique… dynastique. On veut transmettre un patrimoine à ses enfants, patrimoine qui vous survivra. » L'immortalité par l'argent ! Et c'est vrai que tout le monde connaît Rockefeller.

Et pourtant, sache que même Rockefeller n'était pas tout à fait satisfait de sa situation financière. Un jour, un journaliste lui a demandé : « *How much is enough* ? » (A partir de combien a-t-on assez ?) Il a répondu : « *Just a little bit more.* » (Juste un petit peu plus.)

Mauvaise nouvelle donc, mon petit Théo, tu n'as pas fini de vouloir « juste un petit peu plus » d'argent.

L'électricité : « Y'a qu'à ! »

Mon cher Théo,

Qu'est-ce que tu préfères : te faire irradier, mourir de chaud, ou vivre dans le noir ? Voilà, c'est, en résumé, la question qui se pose dès qu'on parle d'électricité. Pas simple. Et pourtant, l'électricité, c'est le royaume du « Y'a qu'à ». Tout a l'air si facile.

En Allemagne, en Suède, en Belgique, on ne veut pas mourir irradié. OK. Solution : Y'A QU'À interdire les centrales nucléaires ! C'est ce qu'ils ont fait. Sur le papier uniquement… Cela fait vingt ans maintenant que la Suède a voté la sortie du nucléaire, et les centrales tournent toujours. Car les Suédois avaient oublié un petit détail : on le remplace par quoi, le nucléaire ?

Solution : Y'A QU'À mettre des éoliennes ! C'est simple, ce sont des moulins à vent qui produisent de l'électricité. C'est assez cher mais ça marche bien. 20 pour cent de l'électricité est ainsi produite au Danemark. Ah oui, et comment on fait quand il n'y a plus de vent ? On souffle ?

Solution : Y'A QU'À faire des barrages sur les fleuves ! Oui, merci de l'idée, on est déjà au maximum. En France, l'hydraulique produit 12 pour cent de l'électricité. On ne peut pas faire plus. Les fleuves sont saturés. Alors on fait comment ?

Solution : Y'A QU'À avoir des centrales « thermiques » ! « Thermique », c'est le mot technique pour dire « pétrole/charbon/gaz ». Bref, tout ce qui pollue l'atmosphère et provoque le réchauffement de la planète. Donc là on ne meurt pas irradié, on meurt de chaud.

En fait, le moins mauvais des choix, c'est de… ne pas choisir. Et de faire un peu de tout : éolien, thermique, hydraulique, nucléaire. Ainsi, la Finlande a voté la construction d'un nouveau réacteur nucléaire. La France se met à l'éolien (tout doucement). Les Chinois, eux, sont en train de construire le plus grand barrage du monde, le « barrage des trois Gorges ». Bien vu : l'hydraulique, c'est pas cher, ça marche tout le temps et ça ne pollue pas. Sauf qu'au lieu de s'en réjouir, tu te souviens des cris d'orfraie poussés en Europe contre ces Chinois qui engloutissent des vallées et saccagent le paysage avec leurs barrages. Car, confortablement installés dans nos salons, bien chauffés, et tamisés à la lumière des halogènes, nous avons bien une petite solution pour régler le problème du « choix énergétique » dans les pays pauvres… Y'A QU'À leur interdire l'électricité !

Le tabac, trop cool

Mon cher Théo,

Faut pas fumer, tu sais… Sauf, si tu tiens à la Santé ! Bah, oui Théo, pour sauver l'assurance maladie, le gouvernement compte beaucoup sur les fumeurs. Alors fume !

Les taxes représentent maintenant 80 pour cent du prix du paquet. En gros, quand tu achètes un paquet de cigarettes, tu te tues à 20 pour cent avec la nicotine, et tu te sauves à 80 pour cent en versant ton obole à la Sécu. 11 milliards d'euros ont ainsi été récoltés l'an dernier. C'est simple, sans cet argent du tabac, le trou de l'assurance maladie serait deux fois plus élevé. En moyenne, un fumeur paye 750 euros (près de 5 000 francs) par an en « impôt tabac » ! On est d'ailleurs devenu quasiment champion d'Europe en la matière (derrière les Anglais). Pas très original, c'est vrai, en général, on est assez bon dans cette discipline « impôts et taxes ». Seul petit bémol : à force d'augmenter les taxes, les gens arrêtent de fumer, et du coup l'argent rentre moins. C'est curieux, mais j'ai presque l'impression que ce n'était pas l'objectif premier du gouvernement.

Alors tu me diras, c'est légitime que les fumeurs payent pour la Sécu, puisque après, ils tombent malade et il faut les soigner. Faux ! Sur le plan strictement financier, le tabac est une excellente affaire pour les finances publiques car les fumeurs meurent plus tôt ; résultat, plus besoin de leur payer des retraites !

Je ne l'invente pas. C'est Philip Morris qui l'affirme. Le numéro 1 mondial du tabac a mené une étude très sérieuse sur le sujet pour le compte du gouvernement tchèque. La société a tranquillement expliqué, chiffres à l'appui, que le tabac réduisait de cinq ans l'espérance de vie, ce qui permettait à un pays comme la République tchèque d'économiser 30 millions d'euros par an en pensions. En tout, taxes comprises, Philip Morris chiffre même à près de 200 millions par an les « bienfaits » économiques du tabac pour le pays. Bref, Philip Morris serait le sauveur des finances publiques : plus de soins ! Finis les remboursements ! Les pensions, soldées ! Et les maisons de retraite, nettoyées ! Naturellement, ce rapport, qui devait être tenu secret, a provoqué un tollé chez les associations antifumeurs.

Un chiffre tout de même : le tabac tue, en France, 60 000 personnes chaque année, soit un Français toutes les dix minutes, c'est dix fois plus que les morts sur la route.

Alors, bonne nouvelle, la consommation diminue : moins 13 pour cent sur un an. Même s'il faut, un peu, se méfier des chiffres, puisque avec la hausse des taxes, la magouille se développe. Dans les zones frontalières, près d'un paquet sur cinq est acheté hors de France. Et pour cause : en Italie, le paquet est à 3,30 euros, en Espagne 2,50 euros, en Andorre 1,70 euro. « Avec l'euro, vous allez pouvoir comparer les prix » qu'ils disaient ! Eh bien, c'est ce qu'on fait : on compare et on se rend compte qu'effectivement c'est deux fois moins cher ailleurs !

Mais, bon, c'est un fait, autour de toi, tout le monde s'arrête de fumer. A force de lire « fumer tue », « fumer provoque le vieillissement de la peau », « l'impuissance »... On arrête le carnage. La tuile pour les compagnies de tabac ! Mais ne t'inquiète pas pour elles. Elles, au moins, ne sont pas impuissantes ! Les fabricants de cigarettes ont trouvé la parade. Puisque les riches ne veulent plus fumer. Direction : les pauvres ! Les professionnels du tabac ont leurs petites statistiques. Sur la période 1998-2008, la consommation en Europe devrait baisser de

8 pour cent. Mais elle devrait augmenter de 6,5 pour cent en Asie, et surtout exploser de 16 pour cent dans la région Afrique-Moyen-Orient.

Message reçu. Altadis, l'ex-Seita, vient de racheter la compagnie des tabacs marocains. Altadis explique que c'est un marché « prometteur » car les Marocains fument toujours plus, et ils sont toujours plus nombreux : 30 millions aujourd'hui, 34 millions dans dix ans. Sauf que si les Marocains se mettent effectivement à fumer comme des pompiers, ils seront peut-être un peu moins nombreux…

McDo : en prison !

Mon cher Théo,

Si tu veux te faire de l'argent de poche, va chez McDo, enfile-toi trois Cheeseburgers, des frites mayonnaise, un Coca extra-large, et ensuite, poursuis-les en justice, en expliquant que tu as grossi à cause de leur sale nourriture, beaucoup trop grasse.

C'est le nouveau sport à la mode aux Etats-Unis. Ça a commencé, il y a trois ans, avec un New-Yorkais de cent vingt-trois kilos, qui a décidé de poursuivre les fast-foods en justice, responsables, selon lui, de son obésité…

C'est même devenu une cause nationale aux Etats-Unis. Les maladies liées à l'obésité font plus de 300 000 victimes par an, presque autant que le tabac (400 000 morts). Sauf que, différence de taille, contrairement au tabac, le hamburger ne crée pas d'accoutumance. Que je sache, on ne vend pas encore de « patch » anti-Big Mac !

Mais, OK, McDo, ça fait grossir. Parlons chiffres. Un hamburger contient exactement 9 grammes de graisse et 260 calories. Oui, et alors ? Un avocat contient 15 grammes de graisse et 150 calories. Un avocat ça fait aussi grossir : y'a qu'à poursuivre la nature en justice !

Et pourtant, les fast-foods ont peur. Ils ont peur de toi, mon petit Théo. Car, c'est vrai, les enfants ne savent pas forcément que la nourriture grasse fait grossir. D'autant plus qu'on ne cesse de te vanter dans les publicités les vertus nourrissantes des céréales, des barres chocolatées pour enfants… Ainsi donc, mon petit Théo, tu serais la victime innocente du marketing effréné des multinationales agroalimentaires. Et c'est vrai qu'aux Etats-Unis un enfant sur six est obèse.

Message reçu. La prochaine fois que tu vas chez McDo, ne t'étonne pas si dans ton menu « Happy Meal », à la place des frites traditionnelles, tu trouves… des fruits ! Véridique, la chaîne est en train de mener l'expérience.

Le groupe Kraft (Toblerone, Milka, Suchard…), lui, est allé encore plus loin, et s'interdit désormais de faire tout marketing auprès des enfants. Le numéro 1 de l'agroalimentaire américain a notamment décidé de stopper toute forme de publicité dans les écoles. Désormais, c'est juré, les publicités pour Toblerone ne cibleront plus que des adultes, sains de corps et d'esprit ! Il faut dire que Kraft sait de quoi il en retourne en matière de procès. La société appartient au même groupe que Philip Morris !

Or, le tabac a payé et paye encore ! On frôle même parfois le ridicule. Comme ce jury qui a accordé… 30 milliards de dollars de dommages à une fumeuse de soixante-quatre ans atteinte du cancer. Soit l'équivalent du PNB de l'Ukraine ! La malheureuse n'avait plus que trois mois à vivre… En fait, dans cette affaire, les grands gagnants, ce sont les cabinets d'avocats américains : leurs revenus progressent en moyenne de 9 pour cent par an, et ce depuis trente ans !

Mais cette mode du « tout judiciaire » débarque en Europe. En Grande-Bretagne, un homme vient de porter plainte contre Kodak. De retour de vacances, il s'est rendu compte qu'il manquait une photo. Notre « British » n'a eu aucun complexe à attaquer Kodak en justice et à demander 5 000 livres (7 250 euros) de dédommagement, et ce afin de pouvoir se payer de nouvelles vacances et reprendre la photo manquante.

Tu vois, tout est possible. Alors vas-y, Théo, reprends donc quelques frites. Si tu n'arrives plus à enfiler ton pantalon, qu'à cela ne tienne : quand tu seras bien gras, il y a un beau paquet à se faire ! Mais après, c'est promis : régime !

Banques : le triomphe des ploucs !

Mon cher Théo,

Si tu veux réussir dans la banque, un conseil : ne fais pas le mariole ! Le golden boy, genre « Wall Street », c'est fini. On ne veut plus en entendre parler. Fini le temps où l'on brillait en allant spéculer sur les marchés ultrarisqués de Russie ou du Brésil, les marchés dérivés... Fini le temps des fusions-acquisitions où l'on touchait des commissions en or en conseillant à Carrefour de racheter Danone afin de créer un « groupe intégré ». Comme on dit, si tu as une autre idée géniale de ce genre, tu es gentil, tu te la gardes ! Car, maintenant, pour briller dans la banque, il faut prêter au coiffeur du coin, il faut encaisser la recette de fin de journée de la boulangère. Ça, c'est de la finance ! Tous les banquiers te le diront : ras le bol de la banque d'affaires. Vive la banque de détail (le « retail » si tu préfères, ça fait plus chic).

Car les banquiers ont payé pour voir. Au premier abord, c'est pourtant fascinant la banque d'affaires. On jongle avec des milliards, on parle de macroéconomie, de géopolitique, de risques systémiques. Fascinant, mais ultradangereux. Indosuez a perdu des milliards en spéculant sur les marchés financiers asiatiques. Idem pour Paribas, sans parler du Crédit Lyonnais.

Résultat des courses : aujourd'hui, c'est le triomphe des ploucs ! Les « paysans » du Crédit Agricole ont racheté Indosuez puis le Crédit Lyonnais. « Ce sont les fermiers qui rachètent le château ! » Car au Crédit Agricole, on est provincial et fier de l'être. Quand le chef d'agence de Plorec en Bretagne veut accorder un prêt à M'sieur Paul, qui gère la quincaillerie, il n'a pas besoin de demander l'autorisation à Paris. Et ça marche ! Avec ses 8 000 agences, le Crédit Agricole gagne bien sa vie. Même logique pour la BNP, l'ex « Banque nationale des pauvres » ne jure que par la banque de proximité. C'est elle qui, au final, a racheté la « Compagnie financière de Paribas » (à prononcer avec une « patate » dans la bouche !). Autre exemple : ce sont les Banques Populaires qui ont racheté le prestigieux Crédit National et la Banque française du commerce extérieur. Ou encore : le Crédit Mutuel qui a racheté le CIC.

Les « pauvres », les « paysans », les « populaires » ce sont eux, aujourd'hui, qui tiennent les finances du pays. Et ils font des étincelles. BNP Paribas est la plus grosse banque cotée de la zone euro (devant les Deutsche Bank et autres CommerzBank). Car les boursiers adorent ce genre de banques qui prête à des coiffeurs et génère ainsi des profits réguliers. Jamais de mauvaises surprises. Bravo les nanards !

Un bon conseil donc Théo : pour réussir dans la banque, mets-toi bien avec ta boulangère.

Foot-télé : un couple infernal

Mon cher Théo,

OM/PSG ! Ça c'est du sport, une belle rencontre au sommet, à « regarder »... à la radio ! Chouette, j'adore « écouter » le foot ! Eh oui, Théo, le foot à la télé c'est fini, maintenant il faut « écouter » les buts sur ton transistor ! Sauf si tu as la chance d'être abonné à Canal ou TPS naturellement. Car les chaînes payantes ont fait une OPA sur les matchs. C'est ça le capitalisme : si tu aimes, tu payes ! Sauf que c'est là un capitalisme bien curieux, car dans ce système payant tout le monde perd de l'argent : les chaînes Canal et TPS sont régulièrement déficitaires, comme les clubs de football

(46 millions d'euros de pertes cumulés pour la Ligue 1 pour la saison 2001/2002).

Tout le monde perd donc sa chemise, sauf les joueurs ! Les Zidane et autres Beckham tournent à 14 millions d'euros par an. Les salaires des joueurs représentent 80 pour cent du budget des clubs. Comment en est-on arrivé là ? Réponse : c'est la faute à... Internet ! Une fois de plus ! A la fin des années 1990, on imaginait que le téléviseur allait se muer en ordinateur. C'était le fameux mythe de la convergence contenu/contenant. Chef d'orchestre de cette mutation technologique : Jean-Marie Messier qui voulait faire de Canal Plus le fer de lance de cette cyberrévolution.

Aussi, pour attirer un maximum d'abonnés, plutôt que de diffuser *Derrick* ou *Starsky et Hutch*, Jean-Marie Messier est allé chercher les meilleurs programmes. C'est pourquoi il a racheté les films Universal *(American Pie, 8 miles, Hulk...)*, et bien évidemment il fallait du foot, du foot de qualité et exclusif. Il faut dire que le football est le «Roi des sports». Lors de la finale France/Brésil en 1998, 21 millions de téléspectateurs étaient scotchés devant leur télé, un Français sur trois, c'est davantage qu'un soir d'élection présidentielle. Pendant la mi-temps, TF1 avait vendu les trente secondes de pub 230000 euros.

Les chaînes payantes se sont alors lancées dans de folles surenchères partout en Europe pour acquérir les droits audiovisuels des plus grands matchs, une inflation délirante. Résultat, les clubs se sont subitement retrouvés avec des centaines de millions d'euros et ont utilisé ce flot d'argent pour s'arracher les meilleurs joueurs. Les Espagnols du Réal ont mis sur la table pas moins de 60 millions d'euros pour s'offrir Zidane, puis 35 millions pour Beckham. Les salaires des joueurs ont flambé.

Sauf que, dans cette belle spirale, on a oublié… le téléspectateur. Dommage ! Car, lui, n'était absolument pas prêt à payer des dizaines d'euros par mois pour regarder du foot tous les soirs, à la télé. Patatras ! Tout s'est écroulé comme un château de cartes. Partout en Europe, des chaînes payantes ont dû fermer ou fusionner (ITV en Grande-Bretagne, Stream en Italie, Première en Allemagne, Quiero TV en Espagne). L'hécatombe ! Il n'y a plus qu'en France, où il reste deux chaînes à péages en concurrence, TPS et Canal Sat, mais on parle régulièrement d'une fusion.

Résultat, les clubs ont vu leurs recettes s'évaporer et les déficits se sont creusés. Bref, excepté les joueurs, tout le monde a perdu dans cette affaire, y compris, bien évidemment, le « téléspectateur » devenu, de fait, « auditeur ». Alors, chut, un peu de silence, je voudrais « entendre » le prochain but !

Les clopinettes de Roland-Garros

Mon cher Théo,

Quel est le point commun entre le PDG d'Alcatel et « Jacquouille, la fripouille » ?... Leur fiche de paye ! Serge Tchuruk et Christian Clavier ont les mêmes revenus : 1,6 million d'euros. C'est cinquante-sept fois plus que la moyenne nationale. Alors, mon petit Théo, si tu veux gagner de l'argent, beaucoup d'argent, choisis bien ton futur métier.

Un job que je ne te recommande pas, en tous les cas, c'est président de la République ! Le salaire de Jacques Chirac atteint péniblement 6 516 euros (brut) par mois. C'est vrai, il y a des

« à-côtés »... Un petit palace en plein Paris, une voiture de fonction, avec des policiers devant et derrière pour te dégager la route, un avion privé, plus des « frais de bouche » comme on dit...

Même salaire « de misère » en Amérique. Président des Etats-Unis, ça gagne 200 000 dollars par an. Cela peut paraître beaucoup, mais George Bush qui « dirige le monde » gagne, par exemple, dix fois moins que Jamel Debbouze ! (2,1 millions d'euros en 2002, selon les chiffres du *Figaro*). Il faut dire que l'acteur avait habilement négocié son contrat pour le film *Astérix et Obélix : Mission Cléopâtre*. Il avait demandé à toucher 14 centimes d'euro par entrée supplémentaire au-delà des 8 millions d'entrées. Cette clause avait l'air plutôt banal, sauf que le film a fait... 15 millions d'entrées. D'où le pactole pour Jamel qui se retrouve l'acteur le mieux payé de France en 2002, devant Gérard Depardieu (2 millions d'euros par an), et Jean Reno (1,7 million). Mais enfin, les « Frenchies » font figure de SDF comparés aux stars d'Hollywood.

Jennifer Aniston, de la série *Friends*, touche 35 millions par an, Tom Hanks 55 millions, vingt-cinq fois plus que Jamel. C'est l'acteur le mieux payé au monde.

Mais, plutôt que la comédie, je te conseille de pousser la chansonnette, ça rapporte deux à trois fois plus. Patrick Bruel, avec son album *Entre deux* est arrivé en tête des chanteurs français de l'année 2002 avec des revenus de 5,2 millions d'euros. Il est suivi par Renaud. L'ex-chanteur des banlieues a touché 3,7 millions. Suivent Jean-Jacques Goldman (3,5 millions), Johnny (3,4 millions)... Là aussi, les étrangers font bien mieux. Eminem, la star américaine du rap, affiche des revenus de 35 millions.

En fait, les grands chanteurs français gagnent autant que nos grands PDG. Michel Pébereau, le patron de BNP Paribas, et Mylène Farmer ont les mêmes revenus, « sans contrefaçon » ! Le patron de L'Oréal, PDG le mieux payé de France, « vaut bien » Patrick Bruel. A l'inverse, Louis Schweitzer, PDG de Renault, gagne, lui, trois fois moins que le chanteur… Renaud.

Mais la vraie fortune, celle qui se chiffre en dizaines de millions, est à chercher du côté des sportifs. Zidane touche 14 millions d'euros. Et surtout, Michael Schumacher explose tous les standards. Le pilote de F1 tourne à 75 millions d'euros de revenus annuels. Autant te dire que le salaire de George Bush, c'est deux ou trois tours de circuits pour Schumacher !

Attention, un sport à éviter : le tennis ! On y gagne des clopinettes. Le vainqueur de Roland-Garros touche exactement 840 000 euros. Bon, Justine Henin a tout de même pu rentrer à Bruxelles en TGV, première classe. Mais Sébastien Grosjean, par exemple, éliminé au deuxième tour, n'a gagné « que » 20 000 euros. On croirait un salaire de « président de la République » ! Et c'est la même chose pour tous les grands tournois. Figure-toi que les joueurs de tennis menacent d'ailleurs de faire grève si les primes ne sont pas réévaluées. Car, si Justine Henin veut toucher autant que Schumacher, il lui faut gagner Roland-Garros, encore… 92 fois, c'est-à-dire jusqu'à ses cent treize ans ! Allez, Justine, on est tous avec toi !

Dehors !
Vous n'êtes pas « rentable »

Mon cher Théo,

J'ai appris que ton voisin s'est fait virer. Pourtant, son entreprise était rentable. C'est la nouvelle mode maintenant. Tu fais gagner de l'argent à ta société, mais on te vire quand même ! On se souvient de Danone et de Michelin, qui avaient annoncé simultanément des profits en hausse et des suppressions d'emplois. C'est quand même assez scandaleux : « Travailleurs, travailleuses, vous êtes rentables, mais pas assez, prenez donc la porte ! »

Scandaleux, mais nous participons tous à ce système « dingo » : toi, moi, les fonds de pensions... Car une entreprise qui fait 3 pour cent de bénéfices, c'est bien mais, c'est malheureux à dire, elle n'intéresse personne. Et nous sommes tous collectivement responsables. Imagine, en effet, que tu aies décidé de mettre un peu d'argent de côté. Préfères-tu placer ton argent à la banque, en investissant dans des produits sans risques, en bons du trésor par exemple, et toucher tranquillement 5 pour cent par an, sans te poser de question ? Ou bien préfères-tu investir dans cette société privée (susceptible de faire faillite donc) qui ne te rapportera que 3 pour cent par an ? Personne n'a aucune envie de placer son argent dans cette entreprise qui fait des bénéfices, mais pas suffisamment. Et donc cette société ne pourra pas trouver des financements pour se développer.

Mais, si ça peut te consoler, « rentable » ou « pas rentable », tout le monde finit par se faire virer. Car, pour dégager toujours plus de profits, les entreprises délocalisent. On ferme des usines en Europe, et on part s'installer en Chine où la main-d'œuvre est bon marché. Philips a tranquillement annoncé qu'il comptait, à terme, fermer une usine sur trois.

De plus en plus de jobs quittent ainsi le vieux continent. Il y a vingt ans, c'était l'industrie textile, puis ce fut l'industrie lourde (l'acier), et maintenant c'est au tour des services. Nombre d'entreprises dans les pays riches ont délocalisé leur service de facturation, leur centre d'appels (en Inde pour les pays anglophones, en Afrique du Nord pour les Français). Dans l'informatique également, de plus en plus de sociétés font travailler des ingénieurs en Inde. C'est donc maintenant de la matière grise que l'on délocalise.

Comment tout cela va-t-il se terminer ? Un jour ou l'autre, IBM finira carrément par déménager son siège social à Bombay, pour profiter des faibles prix de l'immobilier indien !

En fait, la seule solution pour s'en sortir, c'est d'innover, en permanence, et développer ainsi de nouvelles filières économiques. En inventant Internet, les Américains, par exemple, ont créé des millions d'emplois aux Etats-Unis. On perd des emplois dans l'industrie lourde, mais on en crée de nouveaux dans les high-tech. C'est ce qu'on appelle tout simplement : le progrès ! C'est dire toute l'importance de la recherche dans nos économies riches. Et malheureusement, en la matière, nous sommes un peu à la traîne, derrière les Américains qui dépensent en proportion 28 pour cent de plus.

C'est dire si, mon petit Théo, il faut aller à l'école et étudier, être à la pointe des nouvelles technologies. Car, sinon, pour trouver du travail, demain, il te faudra aller en Chine.

L'homme qui valait 46 milliards

Mon cher Théo,

C'est la crise... pas pour tout le monde ! Bienvenue chez les milliardaires, les grandes fortunes du monde. Numéro 1 mondial, l'homme le plus riche de l'univers : Bill Gates, le fondateur de Microsoft. Pécule : 46 milliards de dollars. C'est l'équivalent du PIB de la Hongrie, 10 millions d'habitants. Un homme qui se compare à un pays, c'est pas banal. Si Bill Gates mettait bout à bout toute sa fortune sous forme de billets de 1 dollar, il obtiendrait une interminable banderole qui pourrait faire dix fois la distance terre-lune !

Mais, il n'y a pas que des Américains dans ce club des super-riches. A la troisième place mondiale, on trouve les frères Albrecht, les fondateurs des magasins hard-discount allemands Aldi, l'équivalent de Leader Price en France. Ils pèsent 26 milliards d'euros. Le premier Français arrive à la treizième place, c'est une femme, Liliane Bettencourt : 14 milliards d'euros. Fille du fondateur de L'Oréal, elle possède toujours un quart du capital de l'entreprise. Car toutes ces fortunes sont issues du monde de l'entreprise. Bill Gates ne possède pas 46 milliards de dollars, en cash, à la banque. En fait, il possède 15 pour cent de son entreprise Microsoft. Et 15 pour cent de Microsoft, ça vaut 46 milliards en Bourse. C'est ainsi que, sans le savoir, Bill Gates perd ou gagne des centaines de millions chaque jour en fonction des cours de la Bourse. Que l'action Microsoft abandonne 2 pour cent, et Bill Gates perd 1 milliard de dollars ! Depuis les sommets de la bulle boursière, Bill Gates a ainsi vu sa fortune personnelle divisée par deux.

PAR SECONDE ?

Mais, enfin, les sommes restent phénoménales quand on y pense. Prenons Bernard Arnault, fondateur de LVMH, deuxième fortune de France, avec 7 milliards d'euros : 7 000 000 000 euros. Ça en fait des zéros, et des zéros qui valent de l'or ! Pour dépenser cette somme de son vivant, Bernard Arnault devrait claquer 27 000 euros… par heure, de quoi s'acheter une Mercedes toutes les soixante minutes, même quand il dort ! Et ce jusqu'à son dernier souffle !

Que faire de tout cet argent ? François Pinault, 2,8 milliards d'euros, a choisi de faire hériter ses trois enfants. A l'inverse, aux Etats-Unis, Bill Gates a laissé entendre que ses enfants n'auraient rien. La tuile ! Le patron de Microsoft dit vouloir tout rendre à son pays qui l'a fait riche, tout en ajoutant à l'adresse de ses enfants : « Vous savez, hériter de plusieurs milliards, c'est tout sauf un cadeau. »

Et c'est vrai qu'aux Etats-Unis toutes les fortunes se sont faites en une génération : parti de rien, Bill Gates a créé Microsoft. Destin identique pour Warren Buffet (deuxième fortune mondiale avec 30 milliards de dollars), Larry Ellison (17 milliards, fondateur de la société informatique Oracle), ou Michael Dell (10 milliards)...

C'est l'American Dream, le rêve américain. Le pays des *success story* qui attire tant, même les Français... Ainsi, le fondateur de la société Ebay, numéro 1 mondial des ventes aux enchères sur Internet, est un Français : Pierre Omydiar, né dans la banlieue parisienne, émigré aux Etats-Unis, où il a fondé son site Internet. A trente-cinq ans, ce « Frenchie » est aujourd'hui la 59e fortune des Etats-Unis, avec 5 milliards de dollars.

A l'inverse, en Europe, on est davantage dans une logique familiale : la famille Dassault (3,2 milliards d'euros), la famille Halley (Carrefour, 3 milliards d'euros), Liliane Bettencourt (L'Oréal)... Toutes ces fortunes remontent à une ou deux générations en arrière.

Bref, pour faire simple, en Europe, on naît riche, tandis qu'aux Etats-Unis on le devient. C'est un peu Bill Gates contre la reine d'Angleterre. De ce point de vue, la société américaine est, au fond, moins inégalitaire qu'on le dit.

Pas de chance pour toi, Théo, tu es né sans fortune, sur un continent où il faut « naître » riche. Mais, bon, souviens-toi de ce que dit Bill Gates : « Hériter de plusieurs milliards, c'est tout sauf un cadeau » !

LA FINANCE : TELLEMENT FACILE

L'euro, l'erreur

Mon cher Théo,

Peut-être que toi, tu t'y feras… un jour. Mais moi, JAMAIS ! Je crois que je n'y arriverai jamais ! Toute ma vie, il me faudra convertir en francs pour comprendre les prix, et ce dans mon propre pays ! Autant aller vivre en Angleterre. Au moins là-bas, je me sens plus à l'aise avec les prix. 1 livre = 10 francs, c'est simple. Car, en France, je suis en train de devenir un champion de la multiplication par 6,55957 ! Pas facile.

Alors, c'est vrai, avec l'euro, les chiffres sont plus petits, et pourtant, c'est plus cher !

Les commerçants ont arrondi tous les prix à la hausse. Ni vu, ni connu, le café au zinc a gagné quelques centimes. Sans parler des distributeurs automatiques : la cannette de Coca, autrefois vendue 5 francs, coûte maintenant 1 euro, 6,56 francs, 31 pour cent plus cher ! Merci l'euro ! Pas étonnant que les Suédois, les Britanniques et les Danois ne veuillent pas de cette monnaie ! « Euro, zéro », comme disent les Anglais.

Ah, cet euro qu'on annonçait comme un grand bond en avant… D'ailleurs, c'est faux, l'euro c'est plutôt le grand bond en arrière ! Car figure-toi, c'est assez amusant, mais l'euro nous ramène, en fait, en juillet 1968. La baguette de pain coûtait alors 70 centimes de franc. Aujourd'hui, elle coûte 70 centimes… d'euro. Oui, les prix d'aujourd'hui en euros sont les mêmes que ceux de 1968 en francs. Si tu regardes des vieux films avec Louis de Funès ou Jean Gabin, tu verras, le litre d'essence était à l'époque à 1 franc 06, il est aujourd'hui à 1 euro 06. Tout simplement parce que, depuis cette date, les prix ont été multipliés par 6,56. Pour « comprendre » les prix d'aujourd'hui, il faut donc se replonger près de quarante ans en arrière.

Bon alors, plutôt que de retourner à l'époque de Mai 68, ne serait-il pas plus simple de retourner directement au franc ? Que se passerait-il ? Eh bien, en fait, ce serait le cauchemar ! Car nous l'avons oublié, et tu étais petit, mais la France a vécu le cauchemar avec le franc pendant des années.

A l'époque, à la moindre grève, au moindre dérapage budgétaire, notre monnaie était violemment attaquée. Dans les salles de marchés, les traders du monde entier vendaient, tous en même temps, des milliards et des milliards de francs, ce qui faisait chuter sa valeur. Attaquer le franc face au deutsche mark était même l'un des sports favoris des golden boys.

Pour arrêter le massacre, il fallait défendre notre monnaie, la rendre plus attractive, plus rémunératrice. La Banque de France était alors obligée de relever précipitamment ses taux d'intérêt. On a totalement oublié l'enfer que nous avons vécu dans les années 1980 et 1990. Pour sauver le franc, et éviter qu'il ne sorte du SME (Système monétaire européen), on devait régulièrement relever les taux au-delà de 10 pour cent. Sauf que des taux à 10 pour cent, c'est simple, c'est du chômage et de la récession. Les entreprises sont étranglées quand elles doivent payer 10 pour cent d'intérêt sur leurs dettes. Les attaques contre le franc au début des années 1990 sont d'ailleurs à l'origine de la dernière grande récession de 1993.

Mais depuis l'euro, c'est fini, le cauchemar est terminé. Plus possible d'attaquer le franc, ou la lire italienne face au deutsche mark ; toutes ces monnaies ont fusionné et sont devenues euros. Dès lors qu'il n'y a plus rien à attaquer, il n'y a plus rien à défendre, et donc, on peut baisser la garde. C'est ainsi que l'on jouit actuellement en Europe de taux d'intérêt historiquement bas, à peine 2 pour cent, du jamais-vu depuis plus d'un demi-siècle.

C'est fantastique pour les entreprises qui peuvent s'endetter à faible coût et ainsi investir davantage, fantastique également pour les particuliers. Tout cela est très concret, sur un emprunt immobilier de 100 000 euros sur dix ans, eh bien cette baisse des taux te permet d'économiser, au total, 40 000 euros en remboursements d'emprunt. Plus de 250 000 francs économisés grâce à l'euro (je te l'ai dit, j'ai toujours besoin de convertir en francs pour bien comprendre). C'est ça le grand avantage de l'euro, et pas nécessairement le fait qu'on n'ait plus à changer de monnaie pour les vacances en Italie.

Tu vois donc, cet euro qu'on critique tant a apporté la paix monétaire en Europe. Et les dividendes de cette paix se chiffrent en dizaines de milliers d'euros pour les particuliers qui empruntent. Vu sous cet angle, le prix du café au comptoir qui a augmenté de quelques centimes, c'est finalement assez secondaire.

Location, piège à c... ?

Mon cher Théo,

Ton oncle est un imbécile ! Je crois, en effet, que je suis un idiot. Ce matin, j'ai croisé mon voisin. Il était radieux, il venait de signer pour son appartement. « Vous comprenez, m'a-t-il dit d'un ton assuré, j'en avais assez de jeter 500 euros par les fenêtres tous les mois en loyer. » Imparable ! Désormais, plutôt que de payer un loyer, il remboursera son prêt, et, dans vingt ans, il sera propriétaire, tandis que moi, je serai toujours un petit locataire, médiocre, sans toit ni logis pour mes vieux jours.

Ainsi donc, la France serait divisée en deux camps. Les imbéciles d'un côté : les locataires (44 pour cent des Français) qui « jettent leur argent par la fenêtre » et les malins de l'autre : les propriétaires (56 pour cent). Voilà qui mérite approfondissement.

Fort heureusement, après réflexion, je te rassure, mon petit Théo (ainsi que les 44 pour cent de Français locataires), je ne suis pas un imbécile. Louer ou acheter revient financièrement exactement au même.

Je t'explique. Le locataire que je suis verse tous les mois un loyer à son propriétaire. Loyer qui représente environ 6 pour cent de la valeur d'un appartement. Ainsi, pour un appartement de 100 000 euros je dois payer un loyer de 500 euros par mois. C'est ce que mon voisin appelle « jeter son argent par la fenêtre ». Peut-être, mais, en échange de ce loyer, je suis finalement bien content d'avoir à ma disposition un bel appartement (avec de grandes fenêtres pour y « jeter mon argent » !).

Quid de mon voisin maintenant ? Il s'est endetté à 100 pour cent. Il lui faut rembourser le capital bien sûr, sans oublier… les intérêts. Mettons que les taux soient à 6 pour cent, sur un emprunt de 100 000 euros, cela fait des intérêts de 500 euros, à payer tous les mois. La même chose que moi ! Tu m'expliqueras donc pourquoi, mon petit Théo, quand on donne 500 euros par mois à son banquier, c'est intelligent, et pourquoi quand on les donne à son propriétaire c'est idiot ? « Parce que moi, dans vingt ans, je serai propriétaire, et pas vous ! » me répète inlassablement mon voisin, un brin agacé. « Oui, mais moi, dans vingt ans, j'aurai un joli compte en banque… et pas vous », lui répondis-je.

Car, outre les intérêts que doit payer mon voisin (500 euros par mois), il lui faut bien évidemment rembourser, en plus, le capital (100 000 euros à rembourser). Résultat, en gros, quand on est propriétaire, sans apport, les mensualités à payer (capital + intérêts) sont quasiment deux fois supérieures à celles d'un loyer. Ainsi, pour le même appartement, mon voisin paye un peu plus de 1 000 euros de mensualité, là où je ne paye que 500 euros de loyer. Le « stupide » locataire que je suis peut donc économiser, tous les mois, et placer un peu d'argent à la banque. Oui, c'est vrai, quand on achète on est forcé d'économiser, c'est l'avantage.

Mais, financièrement parlant, acheter ou louer revient au même. C'est kif-kif bourricot. Au bout de vingt ans d'efforts, mon voisin possèdera un bel appartement, et moi un joli compte en banque d'un montant équivalent. Personne ne jette son argent par les fenêtres, et tout le monde est bien logé !

Je me disais aussi... Comment est-ce possible que 44 pour cent des Français soient des imbéciles, et qu'en plus j'en fasse partie !

Immobilier : le grand krach

Mon cher Théo,

La pierre, y'a que ça de vrai ! Je viens de voir une étude assez folle. En Grande-Bretagne, le prix du mètre carré a augmenté de 125 pour cent en sept ans, en Espagne plus 95 pour cent. La France, elle, est un peu à la traîne, plus 45 pour cent. La pierre, c'est quand même autre chose que la Bourse ! Et puis, tu comprends, un appartement, c'est du solide. Moi je n'ai jamais eu confiance dans ces actions qui bougent tous les jours.

Malheureusement Théo, je crois que je ne suis pas seul à penser cela. Je m'en rends bien compte : autour de moi, tout le monde achète. C'est de la folie. A Paris, on est maintenant à 3 750 euros du mètre carré. Un petit studio de 25 mètres carrés au cœur de la capitale vaut plus d'1 million de francs. Ça devient invivable. Et attends, à Londres, c'est encore deux fois plus cher ! Une solution : déménager. Pour le prix d'un 8 mètres carrés à Paris, tu peux, en effet, t'offrir un 80 mètres carrés à... Montluçon !

Qu'est-ce qui se passe ? Pourquoi l'immobilier est-il au plus haut ? Parce que jamais, depuis la fin de la Seconde Guerre mondiale, les taux d'intérêt n'ont été aussi bas ! En l'espace de quinze ans, le coût du crédit a été divisé par trois. Sur un emprunt de 100 000 euros, tu ne dois plus payer aujourd'hui que 25 000 euros en intérêts. Bref, l'argent n'est pas cher. Autant en profiter pour s'endetter. D'où ce grand rush sur l'immobilier.

Que se passerait-il si les taux d'intérêt remontaient ? Eh bien exactement le mouvement inverse. C'est bien là le problème. Emprunter deviendrait plus cher, et, du coup, toute une frange de la population renoncerait à passer à l'acte. Et, malheureusement, c'est ce qui est en train de se passer. Les taux sont déjà en train de remonter (avec la reprise économique aux Etats-Unis).

Mais, il y a malheureusement un deuxième effet. Si les taux remontent, ça veut dire que les mensualités vont remonter pour tous ceux qui se sont endettés à taux variables. C'est le principe des emprunts à taux variables, les mensualités varient ! Les Anglais notamment sont très friands de ces emprunts-là. En France, on préfère les taux fixes : ils sont plus élevés, mais c'est moins risqué.

Tu imagines un peu la tuile si tu es en taux variables. Quand les taux remontent, tu perds sur les deux tableaux : d'une part tu vois le prix de ta maison s'effondrer (assez déprimant), mais, en plus, tu vois tes mensualités exploser. Bref, tu payes plus, pour un truc qui vaut moins ! La gro-grosse déprime.

C'est pas gai, c'est comme ça. Pas de recette miracle. L'immobilier, c'est comme les taux d'intérêt, ça va, ça vient. Et comme, en ce moment, les taux remontent, on aurait peut-être intérêt… à l'immobilisme.

Action, obligation, CAC 40 : quèsaco ?

Mon cher Théo,

T'es nul ! Comme tout le monde, t'es nul en économie ! Ce n'est pas ta faute : on ne t'apprend rien à l'école. Prends le cursus d'un élève normal qui arrive au bac. Pendant toute sa scolarité, il n'aura entendu qu'une seule fois le mot « Bourse », à l'occasion… du krach de 1929.

On lui expliquera alors comment ce krach a engendré la crise économique des années 1930, la misère aux Etats-Unis, comme en Europe, qui débouchera ensuite sur la Seconde Guerre mondiale. Bref, pour un étudiant normalement constitué qui quitte l'école : Bourse = chômage = guerre !

Alors, quelques précisions. Non, la Bourse, ce n'est pas un casino où les « riches » gagnent de l'argent en jetant les travailleurs à la rue. En deux mots, la Bourse, ce n'est rien d'autre qu'un lieu où ceux qui ont de l'argent le mettent à la disposition de ceux qui n'en ont pas et qui veulent réaliser un projet. Si tu veux créer une entreprise, et que tu n'as pas de fortune, eh bien tu vas en Bourse, et des investisseurs te donneront de l'argent. En échange, ils deviendront partiellement propriétaires de ton entreprise. Ils seront « actionnaires ».

Ce n'est pas une consolation, mais sache que nous ne sommes pas seuls à être ignares en « éco ». Un sondage vient d'être réalisé en Allemagne. Ils sont tout aussi nuls ! Plus d'un Allemand sur deux ne sait pas, par exemple, que l'euro est aussi la monnaie de l'Irlande. 60 pour cent n'ont aucune idée de ce qu'est un indice boursier (type Dow Jones, ou CAC 40). Un Allemand sur deux ne connaît pas, non plus, la différence entre une action et une obligation.

Juste « pour info », mon petit Théo. Le CAC 40, c'est l'indice de la Bourse de Paris. Comment ça marche ? On prend les 40 plus grandes entreprises de la Bourse de Paris : Axa gagne 2 pour cent, L'Oréal perd 3,4 pour cent, Carrefour recule de 0,6 pour cent, etc., on calcule la moyenne de ces évolutions, et ça donne le CAC 40. C'est aussi simple que la météo. Quand on t'annonce 40° sur la Côte d'Azur, c'est une moyenne entre 41° à Marseille, et 39° à Toulon.

Autre question, à laquelle ces « nuls » d'Allemands ne savent pas répondre : la différence entre une action et une obligation. Une action, c'est une part de l'entreprise. Exemple, tu possèdes 100 actions Casino. Cela veut dire que tu es un peu propriétaire des supermarchés. Comme il existe en tout 100 millions d'actions Casino, tu ne possèdes, en fait, que 0,0001 pour cent de l'entreprise. Ça fait pas beaucoup, c'est vrai.

A l'inverse, avec une obligation tu n'es pas propriétaire, mais tu joues les « banquiers ». Exemple : tu prêtes 1 000 euros à Casino. Casino te signe une reconnaissance de dette. Cela s'appelle une obligation. Au bout de dix ans, l'entreprise te rembourse et tu récupères tes 1 000 euros. Et, pendant toutes ces années, Casino t'aura payé des intérêts. C'est la même chose avec l'Etat. Quand tu achètes une obligation d'Etat, tu n'es pas propriétaire de la France ! Non, tu lui as simplement prêté de l'argent. Nuance !

Pour résumer donc, une action, c'est un titre de propriété (tu possèdes une part de l'entreprise). Une obligation, c'est un titre de dette (tu as prêté de l'argent à une entreprise, et elle te remboursera).

Voilà, comme ça, si ce petit test allemand est réalisé en France, tu auras tout bon !

La Bourse, un jeu d'enfant

Mon cher Théo,

Alors, Théo, que faut-il acheter en Bourse en ce moment ? C'est à toi que je le demande car, moi, tu comprends, quand il s'agit de mes finances, je m'adresse aux spécialistes : ceux qui n'y connaissent rien !

Toutes les études le prouvent : en Bourse, plus t'es nul, et plus tu gagnes ! Tu ne me crois pas ? C'est très sérieux. Un professeur de l'université de Hertfordshire, près de Londres, a organisé un concours boursier. Il a mis en compétition un analyste financier, un astrologue et une fillette de quatre ans. La fillette choisissait ses actions complètement au hasard, l'astrologue en fonction des planètes dans le ciel. L'analyste se fiait, lui, à ses ratios financiers et à ses études volumineuses. Chacun avait 5 000 livres à investir, et, au bout de six mois, on a comparé les performances des trois portefeuilles d'actions. Bingo ! C'est la fillette de quatre ans qui a affiché la meilleure performance, devant le spécialiste de la City.

Cette fillette n'est pas la seule. On a demandé à dix jeunes écoliers du Bronx, à New York, de réaliser un portefeuille boursier fictif. Rebelote ! Au bout de trois mois, ils avaient réussi à gagner 44 pour cent quand, dans le même temps, les plus grands gérants américains du Fond Fidelity ont affiché un consternant + 1,8 pour cent... Mais surtout, le plus humiliant, c'est cette fameuse expérience du « Singe » réalisée par le *Wall Street Journal*. Un singe sélectionne des actions au hasard en lançant des fléchettes sur un tableau. Boom ! Le singe bat régulièrement les meilleurs spécialistes de Wall Street.

Comment donc ? Tous ces gens bardés de diplômes, qui jonglent avec des milliards, payés des ponts d'or, se font battre par un vulgaire macaque ! C'est pour le moins cocasse.

Et pourtant, cela s'explique. En Bourse, comme dans le prêt-à-porter, il y a des modes. Les analystes financiers en sont souvent victimes. Au même moment, tout le monde a envie de la même chose. Il y a quatre ans, il fallait absolument avoir des valeurs Internet en portefeuille. Maintenant, c'est tout le contraire, il faut avoir des entreprises au profil rassurant, peu endettées. Résultat, tout le monde achète en même temps les mêmes actions, alors qu'un singe, lui, achètera n'importe quoi, et donc nécessairement des valeurs délaissées. Et, au final, c'est le singe qui est gagnant !

Mais, me diras-tu, pourquoi les boursiers, qui ne sont tout de même pas que des imbéciles, ne résistent-ils pas aux modes ? En fait, ils sont obligés, sous peine de perdre leur boulot. Car c'est très difficile de ne pas faire « comme les autres », on s'expose et on se fait virer si ça tourne mal. Ceux qui refusaient d'acheter des valeurs Internet fin 1999, parce qu'ils les trouvaient déjà trop chères, s'en sont mordu les doigts. Car, en Bourse, on n'a jamais raison contre le marché. Tu connais la fameuse phrase : « Le marché a toujours raison, même quand il a tort. » Aussi, pour ne pas prendre de risques, il faut faire comme les autres. Comme ça, en cas de pépin, tu ne seras pas accusé d'avoir commis une erreur de jugement, mais tu seras, comme tout le monde, victime « d'un imprévisible retournement de marché ». Bref, en Bourse, rien n'est de ta faute, si tu as fait comme tout le monde.

C'est pourquoi, je m'adresse à toi, Théo, dis-moi ce qu'il faut acheter sur les marchés en ce moment. Et, pour me dénicher de vraies pépites, fais-toi aider de ta petite sœur, ou débrouille-toi pour me trouver un singe !

Pollution : une valeur très cotée

Mon cher Théo,

Jean-Pierre Gaillard va devoir se mettre à la pollution. Bientôt, il devra terminer ses directs à la Bourse de Paris par les cours du gaz carbonique. Imagine : « Et enfin, la cote du dioxyde de carbone est en forte hausse ce matin de 4 pour cent »… Non ce n'est pas de la science-fiction, le Parlement européen a voté la création d'un marché boursier de la pollution pour 2005 ! Oui, Théo, de même que les entreprises, le sucre ou le pétrole sont cotés en Bourse, la tonne de gaz carbonique ce sera bientôt. Le prix devrait tourner autour de 25 dollars la tonne de CO_2 (gaz carbonique).

On croit rêver ! Le gaz carbonique en Bourse ? C'est pas drôle, car tu sais, un peu comme dans une serre, le gaz carbonique qui s'échappe de nos voitures et de nos usines est en train de créer au-dessus de la terre une chape de plomb qui retient la chaleur. On en voit déjà les conséquences : sécheresses, inondations, tornades... Au rythme où vont les choses, peut-être que tes petits-enfants partiront bronzer sur les plages d'Islande, tandis qu'on visitera la Corse à dos de chameau ! Plus sérieusement : si rien n'est fait, selon Météo France, des oliviers pousseront à Lyon d'ici la fin du siècle, tandis que le sud de la France connaîtra un climat semi-aride, type Afrique du Nord. Et au lieu de s'en inquiéter, on ne trouve rien de mieux à faire que de spéculer en Bourse sur notre propre malheur !

Mais, en fait, c'est tout le contraire. On espère ainsi sauver la planète. Quel est l'objectif ? Si tu ne veux pas voir des palmiers pousser à Calais, il faut réduire les émissions de gaz carbonique. On avait d'abord pensé à créer une taxe sur la pollution, une éco-taxe. Un classique du genre. Quand il y a un problème, on crée une taxe. Sauf que, rapidement, on s'est rendu compte que ça n'aurait certainement pas réglé le problème : pour les entreprises, cette « éco-taxe » aurait été une simple charge de plus qu'elles auraient payée (en faisant la tête) : « Après la CSG et les 35 heures, voilà qu'on nous colle une éco-taxe »... Ça aurait certainement fait rentrer de l'argent dans les caisses de l'Etat, c'est vrai, mais pour la planète : nada ! Les entreprises auraient toujours autant pollué.

Comment faire ? Prenons le problème à l'envers. Les entreprises aiment l'argent, on le sait. Bingo ! Faisons-leur gagner de l'argent avec la pollution. C'est ainsi que l'Europe va organiser une sorte de concours écologique. Règle du jeu : chaque entreprise doit réduire de 10 pour cent ses émissions de gaz carbonique par an. Imaginons une entreprise « A » qui rejetait

100 tonnes de CO_2 par an. Elle doit donc réduire ses émissions à 90 tonnes. Mais si elle n'y arrive pas et termine l'année avec, au compteur, 94 tonnes de CO_2 émises (4 tonnes de trop donc), que fait-on ? On ferme l'usine ? On met le PDG en prison ? Non, c'est là qu'intervient le mécanisme de la Bourse. L'entreprise « A » devra acheter en Bourse le droit de rejeter 4 tonnes de CO_2 dans l'atmosphère. A l'inverse, imaginons une entreprise « B » qui fait mieux que ses objectifs et réduit ses émissions de 100 à 85 tonnes, 5 tonnes de mieux. Elle pourra donc revendre en Bourse son « bon » à polluer pour 5 tonnes et gagner ainsi un peu d'argent.

Voilà comment la pollution, qui était perçue comme une contrainte, peut devenir un centre de profits pour les entreprises vertueuses. De son côté, le gouvernement, lui, est content, puisque, au final, les émissions de gaz carbonique auront bel et bien diminué de 10 pour cent, l'objectif recherché.

PAR SECONDE ?

Tout cela te paraît une usine à gaz bien compliquée ? Eh bien, non, mon cher Théo, car ce qui est encourageant, c'est que ce système a déjà fait ses preuves. Tu étais trop petit, mais, il y a une quinzaine d'années, les Américains voulaient lutter contre les émissions de gaz sulfurique (SO_2), un gaz qui ravageait les forêts. On parlait alors des « pluies acides ». Dans le cadre du Clean Air Act, le gouvernement américain a créé ce système de marché boursier au gaz sulfurique. Et ça a parfaitement fonctionné, puisque aujourd'hui on n'entend plus parler de ces pluies acides.

Ainsi, quand tu entendras le cours de la pollution à la radio, dis-toi que plus les cours seront bas, et plus les entreprises seront en train de réduire leurs émissions de gaz carbonique, et plus tu auras de chances, plus tard, de passer Noël avec tes petits-enfants… sous la neige.

Ben Laden en Bourse

Mon cher Théo,

Le terrorisme coté à Wall Street ! WHAT ? Ils sont fous ces Américains ! Tu vas croire que c'est un gag, que j'invente. Et pourtant, je te jure, c'est vrai. Pour prévenir les attentats, le Pentagone a eu une idée lumineuse : coter le terrorisme en Bourse ! Yes ! Le projet a été dévoilé durant l'été 2003. Les experts du Pentagone ont très sérieusement proposé que les boursiers puissent spéculer sur la date et le lieu du prochain attentat. Quelles sont les chances d'une attaque bactériologique ? Le roi de Jordanie se fera-t-il assassiner dans les six prochains mois ?... Chacun pourrait parier sur la probabilité de ces événements et gagner ainsi de l'argent. Une sorte de loto du terrorisme. A quand le prochain 11 septembre ? « Faites vos jeux » ! Complètement dingue…

Tout cela est très rationnel, peut-être un peu trop ! Les experts du Pentagone sont partis d'un constat simple : en matière de prédictions, les marchés financiers sont imbattables. Tous les jours, les boursiers parient sur le cours du dollar dans trois mois, les prix du pétrole, les chances d'une dévaluation au Brésil… Or, il apparaît que ces prédictions de marchés sont bien meilleures que celles des experts. D'où l'idée d'appliquer ces techniques de marchés à la sécurité nationale. Plutôt que d'entretenir toute une batterie d'experts qui ne cessent de se tromper, le Pentagone a eu l'idée de s'en remettre à la Bourse pour essayer de deviner où et quand les terroristes allaient frapper.

Cette idée fracassante a néanmoins suscité un véritable tollé aux Etats-Unis. « Comment ?

Et que dirions-nous, si des traders s'amusaient à parier sur l'assassinat de notre Président ? » Plus grave, ce marché du terrorisme aurait pu être manipulé par les terroristes eux-mêmes. Ils auraient pu intervenir sur le marché et orienter ainsi le Pentagone sur de fausses pistes. Pire encore, les terroristes auraient pu prendre des positions acheteuses juste avant de frapper et engranger ainsi des millions de dollars en misant sur leurs propres attentats ! En clair : Al-Qaida aurait pu financer ses attentats grâce à ce marché du terrorisme. Et pour cause, ce sont eux les mieux placés. Une sorte de délit d'initié du terrorisme. On a d'ailleurs soupçonné les financiers d'Al-Qaida d'avoir spéculé en Bourse juste avant les attentats du 11 septembre, en prenant des positions vendeuses sur les actions des compagnies d'assurances et des compagnies aériennes, dont les cours se sont par la suite effondrés.

Finalement, le Pentagone a dû ranger son idée au placard vite fait, bien fait. « Cette cellule du Pentagone est très créative, c'est d'ailleurs ce qu'on lui demande, a commenté, un peu gêné, le secrétaire américain de la Défense, mais c'est vrai que, cette fois, ils ont peut-être fait preuve d'un peu trop d'imagination ! »…

Alors, Théo, si tu as une idée un peu folle, du genre coter la pluie en Bourse pour lutter contre le mauvais temps, tu peux toujours l'envoyer au Pentagone, on la trouvera peut-être « créative ». Et d'ailleurs Théo, tu sais quoi, la météo cotée en Bourse, ça existe déjà !

On l'a échappé belle

Mon cher Théo,

Dans ma dernière lettre, je t'ai raconté comment on avait eu l'idée un peu folle de coter le terrorisme en Bourse. Mais, mon petit Théo, il y a d'autres opérations incroyables qui ont failli se réaliser.

On pourrait dresser un petit inventaire de catastrophes auxquelles on a échappé. Quelques exemples : il y a d'abord l'inévitable Jean-Marie Messier et sa folie des rachats en tout genre. Notre « J2M » national avait, dit-on, envisagé de racheter dans la foulée : le Club Med, le site Internet Yahoo, et la grande chaîne de télé américaine NBC… Son idée était peut-être de vendre des vacances au Club Med sur Internet, le tout retransmis en direct sur NBC pour en faire une émission de télé-réalité ! Va savoir.

Autre catastrophe évitée de justesse : le groupe français Suez a failli devenir Enron ! Enron, c'est cette fameuse société de négoce d'électricité qui trafiquait ses comptes. Toutes ses charges étaient dissimulées dans ses filiales installées dans des paradis fiscaux. N'apparaissaient donc dans les comptes d'Enron que les gains. Enfin, c'était assez compliqué. C'est probablement ce qui a sauvé Suez. Car tous les jours des banquiers d'affaires se pressaient aux portes du PDG du groupe français pour lui conseiller d'adopter le modèle Enron. La société du Texas accumulait les profits et caracolait en Bourse : L'avenir, disait-on ! Ce modèle Enron allait réveiller « la belle endormie » française. Désemparé, le patron de Suez a répondu (en substance) : « C'est vrai, les chiffres sont là, merveilleux… Mais voilà, j'ai un problème avec

Enron, je n'arrive pas à comprendre ce qu'ils font et surtout comment ils gagnent de l'argent. » Et du coup, au risque de passer pour un ringard, le PDG de Suez a refusé d'adopter ce fameux modèle Enron. Bien lui en a pris, quelques mois plus tard, on comprenait enfin quels étaient les rouages de cette entreprise aux résultats étonnants : l'arnaque !

Troisième catastrophe évitée : l'implosion de la Bourse allemande. En pleine euphorie Internet, les Bourses de Londres et Francfort avaient projeté de fusionner. A l'époque, on ne jurait que par les start-up de la nouvelle économie. Le deal était le suivant : Londres devenait la place de cotations pour toutes les entreprises de « l'ancienne économie » (BP, Marks & Spencer, mais aussi Volkswagen ou Siemens). Tandis que Francfort devenait le « Nasdaq européen », et se spécialisait sur les entreprises de la « Nouvelle Economie ». On imagine aujourd'hui la tête des golden boys de Francfort si l'opération avait eu lieu. Une Bourse allemande jonchée de cadavres en faillite avec des noms aussi variés que : cd.com, newtech.com, gogo.com, I'mstupid.com…

Les Allemands peuvent remercier les Anglais tous les jours que Dieu fait. Car figure-toi que ce sont eux qui ont fait échouer le projet ! Pourtant, elle aurait fière allure aujourd'hui, la Bourse de Francfort avec son ramassis de start-up en décomposition… Elle n'aurait plus qu'à fusionner avec le tribunal de commerce !

LA FRANCE : «ÉLÈVE DISSIPÉE»

France/Angleterre : la guerre de mille ans

Mon cher petit Théo,

Cocorico ! La France : 4e puissance mondiale. Hum, plus tout à fait… Chut, on ne le dit pas trop de ce côté-ci de la Manche, mais ces fourbes d'Anglais nous sont passés devant. Depuis 1999, nous sommes relégués à la 5e place mondiale.

Qu'est-ce que c'est que ce classement qui nous place derrière les Roast-Beefs ? Eh bien, c'est le classement du PIB, le Produit intérieur brut. C'est la somme de tout ce que produit un pays pendant une année. C'est comme ça que les pays se mesurent entre eux. Numéro 1 : les Etats-Unis, bien évidemment, avec un PIB de 10 400 milliards de dollars. C'est le montant de la richesse produite par les 288 millions d'Américains en une année. Deuxième, loin derrière, le Japon avec un PIB de 4 000 milliards, puis l'Allemagne (2 000 milliards). La Grande-Bretagne est donc désormais 4e, avec 1 550 milliards, et enfin, la France, 5e, 1 410 milliards.

Et si les Anglais nous sont passés devant, c'est tout simplement qu'ils affichent systématiquement une croissance supérieure à la nôtre depuis une bonne vingtaine d'années. Cela fait vingt ans que les Anglais courent plus vite. Normal qu'ils nous aient dépassé. Et dire que dans les années 1970, notre PIB était supérieur de 25 pour cent à celui des British ! That's life.

Mais enfin, tu me diras, « 5e mondial » c'est pas si mal pour un pays qui ne représente qu'1 pour cent de la population mondiale.

A titre de comparaison, la Chine, qui représente 20 pour cent de la population mondiale, est derrière nous. Eh bien justement, plus pour très longtemps…

Car la Chine tourne à 8 pour cent de croissance. Elle ne court pas, elle galope ! Chaque année son PIB augmente de 8 pour cent. C'est mathématique : avec un PIB de 1 240 milliards de dollars, la Chine vient de dépasser l'Italie (1 180), devenant ainsi la 6e puissance économique mondiale. Pas besoin d'avoir fait Polytechnique pour comprendre que la Chine va maintenant nous dépasser, puis que ce sera au tour de la Grande-Bretagne. Et enfin, selon la banque Goldman Sachs, l'économie chinoise supplantera l'économie allemande en 2007.

Tu vois un peu le tableau, Théo ? Dans trois ans, les trois premières économies au monde seront : Etats-Unis, Japon et Chine. Plus d'Européens !

D'où cette idée de faire l'Europe pour «exister». Car tous ensemble, nous pesons 8200 milliards de dollars, presque autant que les Etats-Unis et deux fois plus que le Japon.

Eh oui, mon petit Théo, la France seule, c'est pas grand-chose. A peine 4 pour cent de l'économie mondiale. Mais, tous ensemble, nous représentons le quart de l'économie mondiale. Pas mal! Et donc, merci les British, avec votre ardeur au travail, vous renforcez le poids économique de l'Europe. En clair: vous travaillez pour nous! Thanks.

Qui veut payer des milliards ?

Mon cher Théo,

Ah, mon cher petit, je suis bien embêté... J'ai un « petit » service à te demander. En fait, tu n'as pas trop le choix. Tu vas devoir rembourser la dette de la France. Noble mission ! Nous sommes en train de te la concocter. Une belle « petite » ardoise de 1 000 milliards d'euros.

Le chiffre est un peu abstrait. Tu vois le scandale Crédit Lyonnais, le scandale Eurotunnel. C'était beaucoup. Eh bien là, mon ami, c'est 65 fois plus ! Oui Théo, tu seras gentil de rembourser l'équivalent de 65 tunnels sous la Manche. Si tu préfères, ça fait 15 000 euros (100 000 francs) par habitant, bébés inclus !

Et n'attends pas que cette dette disparaisse toute seule. Au contraire, elle augmente tous les jours. Chaque jour qui passe, la dette de la France augmente de 150 millions d'euros, 1 milliard de francs. Sympathique ! Le temps que tu lises cette lettre, elle aura encore augmenté de 500 000 euros. Et hop ! Tu me diras, on n'est vraiment plus à ça près.

Comment est-ce possible ? Eh bien, c'est le déficit budgétaire. Tu sais, cette chose barbante dont on nous parle tous les jours. Surtout à Bruxelles d'ailleurs, où ceux qu'on appelle avec dédain les « eurocrates » semblent faire une fixation sur le déficit de la France. Ce sont les fameux « 3 pour cent de Maastricht » : « Les pays européens ne doivent pas afficher un déficit supérieur à 3 pour cent du PIB. » De la blague, oui ! La France va dépasser pour la troisième année d'affilée la barre des 3 pour cent de déficits. Car, en permanence, tout le monde se plaint de « manquer de moyens ». Et, pour le gouvernement, tout est « prioritaire » : la police, l'éducation, l'armée, la santé, la justice, l'agriculture... Malheureusement, comme on n'a pas l'argent, on s'endette.

C'est simple, il rentre chaque année 230 milliards d'euros en impôts dans les caisses de l'Etat, mais il en sort 280 milliards. Ce qui nous fait un déficit de 50 milliards, déficit qui devient de la dette, à ta charge donc.

Quand on y pense, c'est assez ahurissant. Imagine un ménage qui, pour boucler ses fins de mois, dépenserait, en permanence, 20 pour cent de plus qu'il ne gagne, et refilerait ensuite « le bébé » à ses enfants ! C'est ce que fait la France. Car ces déficits ne sont pas nouveaux. Nous fêtons cette année le trentième déficit budgétaire d'affilée. Depuis le premier choc pétrolier, tous les gouvernements successifs ont systématiquement été en déficit. Résultat : la dette de la

France, qui représentait 20 pour cent du PIB au début des années 1980, atteint pour la première fois de notre histoire la barre des 60 pour cent du PIB. En un peu plus de vingt ans, notre dette a explosé, passant de 90 à 1 000 milliards d'euros.

Et alors, on n'en est pas mort pour autant, tu me diras ! Bah, oui, mon petit Théo, parce que tout le monde compte sur toi pour rembourser. Pas très élégant. D'autant plus qu'on le sait, pour des raisons démographiques, vous serez moins nombreux demain pour rembourser cette dette que nous vous aurons laissée. C'est notre conception de la « solidarité entre générations » !

Alors, c'est vrai, tous les grands pays sont endettés : l'Allemagne, les Pays-Bas, les Etats-Unis… Certains sont même comparativement bien plus endettés : l'Italie, la Belgique notamment. Mais ce qui est rageant en France, c'est qu'on ne fait rien pour stopper l'hémorragie. Ça augmente, et alors ? A l'inverse, les Britanniques, les Hollandais, les Espagnols font leur possible pour réduire leurs dettes. Et ils y réussissent. Nous, c'est différent, on a « d'autres priorités ».

Sauf qu'il nous faut payer toujours plus, simplement pour les intérêts de cette dette. Chaque année, le gouvernement dépense (bêtement) 38 milliards d'euros uniquement en intérêts. Pour te faire une idée, l'Education nationale, le premier budget de l'Etat, coûte 55 milliards par an. Et c'est bien là le risque. Si la dette de la France continue ainsi d'augmenter, le service de la dette deviendra le premier budget de l'Etat. Un scénario à la « brésilienne », où la première des missions de l'Etat ne sera plus d'éduquer nos enfants, mais de rembourser la dette du pays. A ce jour, seuls les « eurocrates » de Bruxelles semblent s'en inquiéter.

Te voilà donc prévenu. Tu devras payer pour nos retraites de demain, plus rembourser nos déficits d'aujourd'hui. Voilà, Théo. Et tiens, au fait, tu viens de te coltiner 500 000 euros de plus à rembourser. Car ça fait bien cinq minutes que tu lis cette lettre. Cinq minutes, c'est 500 000 euros de dettes en plus. 100 000 euros la minute, v'là le tarif ! Bonne nuit quand même.

Livret A : l'arnaque

Mon cher Théo,

Mon pauvre petit, voilà qu'on te spolie ! Pour ta naissance, il y a huit ans, je t'avais ouvert un livret A. A l'époque, il rapportait 5 pour cent par an, puis ce fut 4 pour cent, puis 3 pour cent... Et voilà qu'au cœur de l'été, pendant que tu barbotais tranquillement sur la plage, on a réduit ce taux à seulement 2,25 pour cent. Scandale ! D'un côté, on baisse l'impôt sur le revenu et on allège l'impôt sur la fortune. De l'autre, on augmente les taxes sur le Diesel et on matraque la petite épargne populaire : 47 millions de Français possèdent un livret A, soit les trois quarts de la population.

Autant dire que, maintenant, tu ne vas plus toucher grand-chose. Ton livret A, sur lequel j'avais mis 100 euros, pour tes étrennes, ne te rapportera plus que 2,25 euros par an. Ah, les rapiats !

Et pourtant, le vrai scandale, c'est qu'on n'ait pas agi plus tôt. Car, sache, mon petit Théo, que c'est le pays tout entier qui paye pour ton livret A. Oui 60 millions de Français se mobilisent, en permanence, pour tes économies. En fait, si tu veux le savoir, le livret A, c'est un peu le « ThéoThon » !

Ce n'est pas une blague. Comment ça marche ? Théoriquement, sans subvention de l'Etat, tu ne devrais recevoir que 2 pour cent par an. C'est le niveau des taux d'intérêt en France (taux de la Banque centrale européenne). Si tu déposes 100 euros à la banque, on te donnera 2 euros par an. Mais, dans le cas du livret A, c'est différent. C'est plus. C'est 2,25 pour cent. Le tout net d'impôts. Pourquoi cette générosité ?

Parce que le livret A est géré par les hommes politiques. C'est Bercy qui fixe le taux du livret A. Et comme les politiques ne veulent pas se mettre à dos 47 millions de Français, ils ont tendance à se montrer généreux… avec l'argent des autres. Car, qui paye la différence ? Bah tiens, l'Etat, c'est-à-dire tout le monde ! Alors ça fait quoi de se faire une aumône à soi-même ?

Mais, en fait, si tu veux le savoir, dans cette affaire, ce sont même les plus pauvres qui sont d'abord sollicités. Car, quand les HLM doivent s'endetter, ils ne font pas le tour des banques, ils sont obligés d'utiliser, en priorité l'argent collecté via le livret A. C'est la loi. En clair, ce sont eux, les logements sociaux, qui te versaient, en partie, ces « généreux » 3 pour cent par an alors qu'ils auraient pu trouver de l'argent à 2 pour cent. Les plus pauvres qui payent pour les possédants, c'est Robin des bois à l'envers !

Mais, bon, 47 millions de Français profitent de la combine… Ça vaut bien qu'on ferme les yeux.

Les pays pauvres au piquet !

Mon cher Théo,

Allemagne 20/20 « très bon travail » ; Pologne 15/20 « peut mieux faire », Brésil 9/20 « insuffisant »... Tous notés ! Oui, mon petit Théo, c'est comme à l'école. Les pays sont tous notés en fonction de leur « solvabilité financière », c'est-à-dire leur capacité à rembourser leurs dettes.

Dans le rôle du maître d'école : les agences de notations. Elles sont inconnues mais règnent sur le monde. On en compte trois. Deux sont américaines : Standard and Poor's, Moody's et une française l'agence Fitch. Pour noter, elles ont adopté un système de notations à « l'américaine » avec des lettres (tu sais, les mesures anglo-saxonnes, ce n'est jamais très simple). Cela va de « AAA » correspondant à 20/20, aucun risque de faillite, à la lettre « D », 0/20, qui correspond au défaut de paiement, la faillite.

Alors, bonne nouvelle, autant te l'annoncer tout de suite. Cocoricoooo ! La France est notée 20/20. La meilleure note possible. Malgré nos dettes et nos déficits, les agences de notations internationales nous créditent du prestigieux « AAA », aucun risque de faillite. Gratifiant ! Car la France a certes beaucoup de dettes, mais elle dispose, aussi, de 18 millions de contribuables corvéables à merci. Ce qui nous vaut des agences un : « Très bon travail. »

Idem pour tous les grands pays industriels. Australie, Etats-Unis, Canada ainsi que la quasi-totalité de l'Union européenne, tous sont notés 20/20. En clair, personne n'ose imaginer que l'un de ces pays ne paye pas ses dettes.

Pourtant, il y a quelques bons élèves, mais un peu moins bien notés. La Belgique par exemple 19/20, l'Italie 18/20 ou encore le Japon 17/20. C'est bien, mais ce n'est pas 20/20 ! Car ces pays sont tout de même un peu trop endettés. Leurs dettes dépassent les 100 pour cent du PIB (contre 60 pour cent en France).

Ensuite, on a le ventre mou des « élèves moyens » : la Pologne, la Hongrie sont notées 15/20, le Maroc et la Chine 12/20, l'Egypte est à 11/20, l'Inde 10/20. Puis viennent les mauvais élèves comme le Sénégal 7/20, voire carrément les cancres : Indonésie, Bolivie, Venezuela 6/20. Et un bonnet d'âne pour l'Uruguay 3/20.

Mais à quoi peuvent bien servir toutes ces notes ? Eh bien elles sont très suivies par les investisseurs, ceux qui ont de l'argent et qui veulent le placer. Bien évidemment, ils préfèrent miser sur les « bons élèves ». Plus un pays a une bonne note, et plus il pourra facilement s'endetter.

Travaux pratiques : la France, avec son 20/20, n'a aucun problème pour lever des capitaux. Pour s'endetter sur dix ans, elle ne paye que 4 pour cent de taux d'intérêt. A l'inverse pour la Pologne, notée 15/20, c'est un peu plus sportif. Le pays est obligé de verser 6 pour cent de taux d'intérêt pour trouver de l'argent. En fait, c'est comme avec ton banquier : plus tu es solvable, et plus ton banquier t'accorde un prêt à des taux avantageux.

La Turquie, qui a connu une grave crise financière il y a trois ans, est classée dans les cancres (6/20). Résultat, lever des capitaux relève de la mission impossible, même sur une période courte. Pour s'endetter à un an, la Turquie doit verser des intérêts hallucinants de 40 pour cent. Tu te rends compte ! Quand la Turquie emprunte 100, elle doit rembourser 140 un an plus tard ! Pas drôle la vie de cancre. Autant te dire que pour l'Uruguay, avec son 3/20, ce n'est même pas la peine qu'elle se présente au guichet !

Et pourtant, ce sont bien ces pays qui ont le plus besoin d'argent. Mais tu sais ce qu'on dit des banquiers : ils te prêtent de l'argent, à la seule condition… que tu n'en aies pas besoin !

Sécu : c'est toi qui payes

Mon cher Théo,

Douce France, où la santé est gratuite… Gratuite, pour nous ! Pas pour toi, mon petit Théo ! Car c'est toi qui vas payer pour nos dépenses d'aujourd'hui. Oui, Théo, la médecine, c'est l'histoire classique du gars qui quitte le bistrot sans payer la note.

6 milliards de déficits en 2002, 11 milliards en 2003 et on redoute 14 milliards pour cette année. Soit un trou d'une trentaine de milliards en trois ans. Bravo la Sécu ! Personne n'ose faire de vraies réformes de peur de mettre la France dans la rue (« Pas touche à la

Sécu ! »). Résultat : pour maintenir le système, on s'endette.

On a même créé un petit compte spécial pour loger cette dette dite « sociale » : la Cadès, la caisse d'amortissement de la dette sociale. C'est là qu'on cache les déficits. Ainsi la Cadès a déjà repris 53 milliards de dettes, et on va la charger avec ces 30 milliards de déficits supplémentaires. Cette Cadès qui grossit tous les ans, c'est pour toi. Au début, on pensait pouvoir tout rembourser d'ici 2009, puis l'échéance a été repoussée à 2014, et on parle maintenant de 2020, voire 2030…

Eh oui, mon Théo, quand tu travailleras en 2020, tu devras continuer à rembourser nos dépenses maladies des années 2000. C'est toi qui dans quinze ans payeras ma consultation de cet après-midi chez le médecin. Car, nous, on n'est pas capable de s'assumer financièrement, donc on tape sur la génération suivante, sans même lui demander son avis. Fort ! C'est ça la

« solidarité » : la génération qui suit devra rembourser nos dettes, plus payer pour nos retraites.

Mais on a un discours impeccable. Officiellement, si on ne touche à rien, c'est justement pour que tu puisses, toi aussi, mon petit Théo, profiter des mêmes « acquis sociaux » : sécu, retraite... Sauf que rien n'est financé. En revanche, ce qui est acquis pour toi, c'est que tu devras te coltiner la facture de « nos » acquis.

Si on se résume, je te fais le décompte : 80 milliards à rembourser pour la Sécu (et ça n'a pas fini d'augmenter), olé ! 1000 milliards pour la dette de l'Etat, olé ! Plus quelques 30 milliards par an pour nos retraites à l'horizon 2020, olé ! Malheureusement Théo, ce n'est pas comme dans le droit privé, là tu ne peux pas refuser l'héritage de tes parents. Mais, dis-toi qu'on s'est tous bien battus pour te laisser tout ça !

La PAC : les pauvres ont faim

Mon cher Théo,

Allons bon ! Voilà qu'on nous accuse d'être responsables de la faim dans le monde… Nous ! Les Français, le pays de la grande cuisine ! Oui, Théo, j'étais éberlué, ce matin, d'entendre à la radio une ancienne ministre de Tony Blair, Clare Short, expliquer que la PAC (Politique agricole commune) était « une conspiration de la France pour enfermer l'Afrique dans sa pauvreté » ! Rien que ça ! Sacrés British… Ainsi donc, nos paysans du Cantal seraient à l'origine de la famine au Sahel !

Et pourtant, la PAC, mon petit Théo, c'est l'assurance d'un déjeuner de qualité. Ton ordinateur est « made in USA », ta console de jeux vidéo est « made in Japan », ta chemise est « made in China », mais, qu'on se le dise, ce que tu trouveras dans ton assiette sera toujours « made in Europe », pour ne pas dire « made in France » et ce grâce à la PAC. Le principe : on taxe tous les produits agricoles importés, et on subventionne toutes les denrées agricoles produites en Europe. Tu taxes ce qui est étranger, tu subventionnes ce qui est local. Ultra-efficace !

Et les subventions sont à la hauteur : Bruxelles verse 2,5 euros par vache et par jour. C'est d'ailleurs assez choquant, quand on sait que la moitié de la population mondiale vit avec moins de 2 euros par jour. Mais bon, peu importe, la PAC fonctionne parfaitement. Question : comment ce système ingénieux peut-il être à l'origine de la faim dans le monde ?

Pourtant, c'est malheureusement vrai, ce bol de lait que tu as avalé ce matin fait beaucoup de mal dans les pays pauvres. L'attaque est double. Premièrement, les Africains, les pays d'Amérique du Sud ne peuvent pas nous vendre leurs produits agricoles (sauf à payer de maxi-taxes). Pas de chance pour eux, c'est tout ce qu'ils savent faire et seraient susceptibles de nous vendre. En gros, nous disons aux pays pauvres : d'accord pour faire du libre-échange sur les voitures, les parfums, les logiciels (autant de produits que, de toute façon, vous ne savez pas fabriquer… hé, hé…) ; en revanche, plus question de faire du commerce quand il s'agit de sucre ou de blé. Bref, on ne veut pas de vos produits, mais vous pouvez toujours acheter les nôtres. Belle logique !

Mais, attends, il y a malheureusement un deuxième effet encore plus dévastateur. Ce système de subvention encourage la surproduction en Europe. Nous produisons trop de poulets, trop de blé, trop de beurre, trop de lait (20 millions de tonnes de surplus). Qu'en faisons-nous ? Comme on ne peut pas te forcer à boire trois litres de lait par jour, et à t'enfiler une plaquette de beurre à midi, on brade des tonnes de blé, de sucre… ce qui fait chuter les cours de toutes ces denrées alimentaires, et ruine les agricultures africaines. Des reportages racontent comment la déferlante de blancs de poulet européens a ruiné les éleveurs de volailles au Sénégal. Car les paysans d'Afrique ou d'Amérique du Sud se retrouvent, de fait, en compétition avec nos surplus européens subventionnés et doivent se résigner à vendre à perte. C'est ainsi que les paysans d'Afrique ou d'Amérique du Sud finissent par quitter les campagnes pour tenter de trouver un emploi à la ville et vont s'entasser dans des bidonvilles.

Ah, elle est belle la Politique agricole « commune » ! Et c'est vrai que la France, qui se veut le chantre de la défense des pays pauvres, est paradoxalement le premier pays à défendre la PAC.

Les Anglais ont bien une explication, mais elle n'est pas très gentille : « Les Français sont des égoïstes. Ils ne pensent qu'à leurs agriculteurs et veulent toucher leurs 9 milliards de subventions agricoles. Et tant pis si tout cela entre en totale contradiction avec leurs discours tiers-mondistes. L'argent avant tout ! » Mais, tu sais, les Anglais… toujours à chercher la petite bête…

Vingt-quatre lettres

Les entreprises : ceux qui bossent et ceux qui la ramènent

La finance : tellement facile

La France : « élève dissipée »

Ce volume a été composé
par Chesteroc Ltd
et achevé d'imprimer en janvier 2004
par ***Bussière Camedan Imprimeries***
à Saint-Amand-Montrond (Cher)
pour le compte des éditions Lattès

N° d'édition : 47396. — N° d'impression : 036068/1.
Dépôt légal : janvier 2004.

Imprimé en France